PLANCHES

DE

L'ORIGINE

DE TOUS LES CULTES.

Dessiné par [illegible] — Gravé à l'eau-forte par [illegible] — Terminé au burin par [illegible]

FRONTISPICE.

PLANCHES

DE

L'ORIGINE DE TOUS LES CULTES,

DU CITOYEN DUPUIS,

AVEC LEUR EXPLICATION.

A PARIS,

Chez H. AGASSE, rue des Poitevins, N°. 18.

AN III DE LA RÉPUBLIQUE.

Le Citoyen LOYSEL, Ingénieur pour les Globes et Sphères, a construit, sous la direction du Citoyen Dupuis, un Globe destiné à faciliter l'intelligence de cet Ouvrage. Les Pôles de ce Globe sont mobiles, et s'adaptent à la précession des Equinoxes. De plus, les figures des Constellations sont accompagnées de tous les différens noms, et de toutes les diverses dénominations, par lesquels on les a jamais désignées.

Cet Artiste demeure rue du Plâtre-Jacques, N°. 9, au premier sur le devant.

EXPLICATION
DU
FRONTISPICE.

LE Soleil, objet de tous les Cultes, occupe le haut du Tableau; à la gauche brille la Lune, qui a partagé la vénération des Mortels. Le Père de la Lumière lance ses feux à travers les deux signes du Zodiaque, dont il a emprunté les formes dans tous les Cultes : le Taureau et le Belier. A l'Equinoxe du Printemps, la Nature sort de l'engourdissement, où l'a plongée pendant l'hiver l'éloignement du Soleil. Ce phénomène physique fixa les yeux de tous les hommes, et ils y attachèrent l'expression de leur reconnoissance pour l'Astre bienfaisant, qui ne sembloit revenir que pour les éclairer de nouveaux feux.

La précession des Equinoxes fait correspondre successivement le Soleil aux divers signes du Zodiaque, à l'époque de l'Equinoxe du Printemps. Il y a environ quatre mille ans que le Soleil ouvrit l'année Astronomique, placé dans le Taureau. C'est au temps qui s'est écoulé pendant cette correspondance, c'est-à-dire, à l'espace de 2151 années solaires, que doivent se rapporter tous les Cultes, dont le Taureau fut l'objet symbolique. On voit dans ce dessin les emblêmes de ces Cultes : le Veau d'or des Hébreux, auquel est joint le Chandelier à sept branches, emblême des sept Planètes : le bœuf Apis adoré sur les bords du Nil, caractérisé par la statue de ce fleuve bienfaisant : plus bas le Taureau, père de la Nature, ouvre l'œuf Orphique, d'où sortit le vaste Univers; cet emblême est encore placé dans les temples des Japonois. Enfin le Taureau immolé par Mithra, symbole sacré chez les Mithriaques, termine le Tableau.

Plus de mille ans avant le règne d'Auguste, ou l'Ere vulgaire, le Soleil n'ouvroit plus l'année, monté sur le Taureau; mais placé sur le Belier, ou l'Agneau céleste. De nouvelles Religions se formèrent et s'emparèrent de ce nouveau symbole. Jupiter-Ammon porta des cornes de Belier : comme le Taureau de Mithra, l'Agneau eut ses initiés, une vie, une mort violente, une résurrection à l'Equinoxe du Printemps, etc. Cette Doctrine est expliquée dans l'Apocalypse, ouvrage d'un Initié aux mystères de l'Agneau, et dont personne n'avoit encore trouvé la clef. L'Agneau est accompagné des quatre animaux mystiques, ceux qui occupoient les centres du Ciel (en termes d'Astrologie), le Lion, le Bœuf ou Taureau, l'Ange ou l'homme du Verseau, et l'Aigle ou Vautour de la Lyre.

Une Femme tenant un enfant, couronnée d'Etoiles, marchant sur un Serpent, rappelle la Vierge céleste, au-dessous de laquelle s'étend le Serpent, et au-dessus de laquelle est placée la Couronne. C'est elle qui brilloit à l'Orient le 25 décembre à minuit, lorsque les Calendriers Romains annonçoient la *naissance du Soleil invincible*. Elle avoit été successivement Isis, Thémis, Cérès, Erigone, la mère de Christ, etc.

La statue symbolique de Sérapis, ou du Soleil d'Automne, vieil et caduc, est entourée des replis d'un vaste Serpent. C'est celui qui fixe l'entrée du Soleil dans les signes inférieurs, temps des Pluies et des Ténèbres; et c'est lui qui a amené dans le monde le péché et la mort.

On apperçoit dans l'enfoncement les Pyramides d'Egypte, monument Astronomico-Mythologique du culte d'Osiris et d'Isis, c'est-à-dire, du Soleil et de la Lune.

Le milieu du Tableau est occupé par un sacrifice à Vesta, fondement de la Religion des Romains, et dont le feu sacré n'étoit qu'un emblême des feux solaires.

Le dernier symbole qui rappelle ici le Soleil, caché sous des voiles religieux, est la corbeille mystique, d'où sort un Serpent. On sait que ce reptile jouoit un grand rôle dans les mystères de Bacchus, dont les conquêtes figuroient le passage du Soleil dans ses douze demeures.

Ce Frontispice est un Tableau raccourci de l'*Origine de tous les Cultes*, et il sert à en fixer les bases principales, d'une manière aussi ingénieuse que piquante.

EXPLICATION DES PLANCHES.

PLANCHE I.

Domiciles des Planètes.

LE nombre des Planètes étant moindre que celui des Constellations Zodiacales, on assigna à cinq d'entr'elles, deux signes pour *domiciles*, ou lieux dans lesquels se développoit le plus énergiquement leur puissance. L'Astrologie, qui se confondoit presque toujours avec l'Astronomie ancienne, tira un grand parti de ces doubles domiciles. Leur connoissance est nécessaire à ceux qui veulent pénétrer le secret des Fables.

PLANCHE II.

Médailles de l'empereur Antonin frappées en Egypte.

Ces Médailles présentent le même sujet que la planche précédente; mais il est ici mis en action. Chaque planète est exprimée par une Divinité, qui plane sur le signe, où elle a fixé son domicile. Cette alliance offre un essai des créations Mythologiques.

PLANCHE III.

Division du Zodiaque en trente-six parties, avec les noms des Décans et la distribution des Planètes.

La superstition s'accroît toujours : elle ne fut pas satisfaite d'avoir consacré les signes entiers aux Planètes. Elle divisa chaque signe en trois parties de dix degrés, appelés *Décans*. Ces *Décans* furent personnifiés et divinisés. L'histoire même s'en empara; elle en fit les célèbres *Dynastes* Egyptiens, dont l'existence et la succession, ou la co-existence, ont été le tourment des Erudits. Ils ne dominèrent cependant qu'en sous-ordre à chaque dixième de signe, et pour l'influence des Planètes, qui se répartirent cette présidence subalterne, sans cesser de présider à chaque signe entier.

PLANCHE IV.

Planisphère Astrologique de style Egyptien.

Bianchini ayant découvert à Rome ce Planisphère, l'envoya à l'Académie des Sciences de Paris. Quoique mutilé, il sert à rétablir la succession entière des Décans, et des Planètes correspondantes à chacun d'eux. Il sert de base à la Division du Zodiaque de la planche précédente.

PLANCHE V ET VI.

Planisphère Egyptien des Paranatellons.

La doctrine secrète des prêtres Egyptiens ne se bornoit pas aux *Décans*; elle avoit encore pour objet les *Paranatellons*, c'est-à-dire, les Constellations extra-zodiacales, qui montoient ou descendoient dessous l'horizon, pendant le même-temps que chaque degré des signes du Zodiaque se levoit ou se couchoit. La réunion des Signes avec leurs Paranatellons forme ce Planisphère Egyptien, dont on voit les deux parties séparées sous les numéros V et VI, et qui sont tirées de l'OEdipe de Kirker. Il est impossible d'expliquer les attributs des Divinités, sans la connoissance des Paranatellons.

PLANCHE VII.

Distribution des quatre Elémens dans les douze signes du Zodiaque, et dans les domiciles des Planètes.

Tout, dans le monde sublunaire, étant soumis à l'influence des signes du Zodiaque, les quatre Elémens leur furent subordonnés, et on affecta trois signes à chacun. Cette attribution commença par le Feu et par le Lion, qui étoit le domicile du Soleil et le premier signe, deux mille cinq cents ans avant l'Ère vulgaire. Elle continua successivement : ce qui forma les triangles, ou *trigones* des signes, si fameux chez les Astrologues, et dont l'application donne la clef de quelques endroits obscurs du traité de Plutarque, d'*Isis* et d'*Osiris*.

PLANCHE

PLANCHE VIII.

Planisphère des travaux d'Hercule.

Porphyre dit, que la Fable des douze travaux a pour base la division des douze signes du Zodiaque; et qu'Hercule n'est que le Soleil, qui parcourt tous les ans la carrière, dont l'entrée est fixée au point solstitial, occupé autrefois par le Lion. Ce Planisphère représente le Soleil, ou Hercule, parcourant les douze Signes, en commençant par le Lion, qui est alors celui de Némée : les autres travaux correspondent successivement aux onze autres Signes.

PLANCHE IX.

Les six Préfectures de l'Empire d'Ormusd, ou d'Osiris, et celles de l'Empire d'Ahriman ou de Typhon.

Dans Hercule, on a vu l'emblême de la force de la Nature, ou du *Soleil fort*; on verra ici le symbole du *Soleil fécond* ou *bienfaisant.* C'est l'Osiris des Egyptiens, et l'Ormusd des Perses. Il occupe dans ce Planisphère les six signes supérieurs, ou les signes de la Lumière : c'étoient ses Préfectures. Les signes inférieurs, ou des Ténèbres, furent affectés à l'ennemi de la Nature; ce furent les Préfectures du Typhon des Egyptiens, et d'Ahriman des Perses.

PLANCHE X.

Planisphère des courses d'Isis.

Isis est la Lune, selon Porphyre; et Chérémon, prêtre Egyptien, dit expressément qu'on doit expliquer l'histoire d'Isis et celle d'Osiris, par les mouvemens du Soleil et de la Lune, comparés au Zodiaque et aux autres Astres Paranatellons. On a construit, d'après ces principes, un Planisphère sur lequel sont figurées les courses d'Isis, et les diverses rencontres de ses courses, telles qu'on les trouve dans le traité de Plutarque, d'*Isis* et d'*Osiris*

PLANCHE XI.

Planisphère des travaux de Thésée.

Les Thébains chantèrent le Soleil sous le nom d'*Hercule*, et Thésée fut l'Hercule des Athéniens. Strabon appelle les malheurs de Thésée, et les travaux d'Hercule, des *Aventures Mythologiques*; ils sont donc de même nature. Le Taureau de Marathon, le Sanglier d'Erymanthe (seconde dénomination de la grande Ourse), n'ont vécu que dans le Zodiaque. C'est-là où le Planisphère les place avec les autres travaux du Soleil-Thésée.

PLANCHE XII.

Sujet du Poème des Argonautes.

La conquête de la Toison-d'or, ou les travaux des Argonautes, sont de la même nature que ceux d'Hercule et de Thésée. Ce sont des voyages et une conquête Astronomiques. L'auteur du plus ancien poème des *Argonautiques*, attribué à Orphée, invoque en commençant le Dieu du Soleil : « inspire-moi, » divin Phébus, je vais chanter ta puissance». Voici donc un poème solaire, tel que ceux d'Hercule, de Thésée, et de Bacchus. Le Soleil, après avoir parcouru les onze premiers signes du Zodiaque, en commençant par le Taureau, fait la conquête de la Toison-d'or du Belier de Phryxus, du Belier céleste. Cette brillante conquête fixe l'Equinoxe du Printemps, commencement de l'année, ou du monde Astronomique, selon les Mythologues. On voit dans ce Planisphère l'état du Ciel, le soir et le matin du jour de l'Equinoxe de Printemps, deux mille cinq cents ans avant l'Ère vulgaire, avec les principaux Paranatellons de cette époque. Voilà le canevas des trois poèmes sur la Toison-d'or, composés par Orphée, Apollonius de Rhodes, Valérius Flaccus; et des traditions prétendues historiques, que Diodore de Sicile a rassemblées sur cet événement fabuleux, si célèbre dans l'antiquité.

PLANCHE XIII.

Planisphère des voyages de Bacchus.

Bacchus étoit, selon Plutarque et Diodore de Sicile, la même Divinité qu'Osiris, appelée par Eumolpus, l'*Astre lumineux*, qui verse le feu à l'aide de ses mille rayons. De même qu'Osiris, Bacchus étoit mis à mort à l'Equinoxe du Printemps ; il descendoit aux Enfers, ressuscitoit au bout de trois jours, et portoit le nom de *Sauveur* après sa résurrection. Orphée dit en propres termes : « le Soleil, que nous appelons *Bacchus* ». Les voyages de Bacchus et ses conquêtes dans l'Inde, sont donc de même nature, que ceux d'Hercule et d'Osiris : ils sont l'emblême de la course annuelle du Soleil. Les *Dionysiaques*, ces poèmes si célèbres sur Bacchus, n'offrent que les tableaux annuels de la naissance, de l'enfance, de la maturité, de la décrépitude et de la mort du père lumineux de la Nature. On les suivra sans peine à l'aide de ce Planisphère.

PLANCHE XIV ET XV.

Vase antique du Muséum National, et son développement.

Ce vase antique, aussi précieux par le travail Grec, que par la rareté du sujet qu'il représente, n'a point encore été expliqué. On ne sauroit y méconnoître Bacchus (sous les formes du Taureau), qui conduit les Pléïades. Les fables de Bacchus furent composées à l'époque, où le Taureau étoit le premier des signes; c'est pourquoi cette Divinité en prit toutes les formes. Il paroît ici tel que l'invoquoient, selon Plutarque, les femmes de l'Elide ; elles le prioient « de descendre des Cieux avec les Graces, et de poser sur » la terre son pied de bœuf ». Le Soleil ouvroit l'année au signe du Taureau, et à cette époque, les Pléïades se lèvent héliaquement, c'est-à-dire, qu'elles commencent à paroître le matin au sortir des rayons du Soleil : c'est pourquoi leur conducteur est ici le Dieu à la tête et aux pieds de bœuf. Ce lever des Pléïades a été chanté par Hésiode, parce qu'il annonçoit les moissons.

PLANCHE XVI.

Jardin d'Ormusd, ou les six milles de Dieu, et les six milles du Diable, ou l'Empire d'Ahriman.

Les Disciples de Zoroastre divisoient le temps entier en douze milles : six mille temps, ou ans, durant lesquels l'homme vit heureux dans le jardin d'Ormusd; et six mille temps, ou ans, durant lesquels l'homme est malheureux sous l'Empire d'Ahriman. Puis il rentroit dans le Paradis ou jardin d'Ormusd, par la porte de l'Agneau, le Belier céleste; du trône duquel coule le fleuve d'Orion, ou le Cyon, l'un des fleuves du Paradis terrestre. Sur cette porte est placé Persée, armé d'un cimeterre, qui défend le Belier à Toison-d'or : c'est le Chelub, ou Chérubin à l'épée flamboyante de la Genèse. La vue de ce Planisphère donnera la clef de la Cosmogonie hébraïque, qui a été calquée sur celle des anciens Perses.

PLANCHE XVII.

Tableaux de Mithra.

Les Apologistes de la Religion Chrétienne, Tertullien et Justin, ont reconnu que la plus raisonnable opinion, que les Païens pouvoient se former sur la nouvelle Religion des sectateurs de Christ, étoit de l'assimiler à celle des Perses; et de croire que leur Sauveur n'étoit que le Dieu-Soleil, adoré par ceux-ci sous le nom de *Mithra*. En effet Mithra et Christ naissoient le même jour, dans une grotte ou étable; le Christ et Mithra régénéroient l'Univers par le sang d'un Agneau ou d'un Bœuf; ils mouroient à l'époque de la renaissance de la Lumière, comme ils étoient nés dans la saison des Ténèbres, etc. Tous deux enfin eurent des Initiations secrettes, des Purifications, des Baptêmes, des Confessions même, etc. On retrouvera les bases de cette comparaison dans les tableaux des mystères Mithriaques, que le temps a épargnés.

PLANCHE XVIII.

Calendrier d'Isis, ou de la Vierge, sculpté sur le portail de Notre-Dame de Paris.

Le Portail de Notre-Dame de Paris a été fini vers la fin de 1300. On croyoit alors à l'existence des Sibylles, et à la vérité de leurs prédictions. Une des plus remarquables étoit l'apparition de la Vierge, et de l'Enfant Jésus, que la Sibylle de Tibur fit voir à Auguste, en lui apprenant que cette Vierge étoit celle des Constellations, appelée l'*Epi*. Cette tradition est fixée sur la Porte latérale gauche du portail de Notre-Dame. Onze signes du Zodiaque y sont gravés à côté des travaux champêtres de chaque saison. La Vierge seule y est déplacée : elle occupe le centre de la porte, en sa qualité de Dame du lieu; et le Sculpteur s'est représenté lui-même entre le Cancer et la Balance. Ici la Vierge représente l'année, comme Isis en étoit le symbole chez les Egyptiens. Le portail de la grande Eglise de S. Denys, celui de Strasbourg, et plusieurs autres, présentent des Zodiaques, différemment modifiés : celui-ci est le plus curieux.

PLANCHE XIX.

Planisphère qui représente la position du Ciel au moment de la naissance du Dieu-Jour, le 25 décembre à minuit.

Les Anciens ajoutèrent foi aux règles chimériques de l'Astrologie; ils cherchoient à deviner la fortune des hommes, des villes même et des Empires, par l'inspection du Ciel au moment de leur naissance, ou de leur fondation : c'étoit l'horoscope des uns et des autres. Un ami de Cicéron avoit composé l'horoscope de la fondation de Rome. Constantin fit tirer celui de la ville, à laquelle il donna son nom. On ne sera donc pas étonné de voir l'horoscope du Dieu Jour, à l'époque où il naissoit, c'est-à-dire au solstice d'hyver; à minuit du 25 décembre, jour auquel les marbres antiques fixent la naissance du *Soleil invincible*. Les quatre centres du Ciel, à cet instant, étoient occupés à l'Orient par la Vierge et son fils naissant, tels que le représentent les Sphères Persiques d'Aben Ezra et d'Abulmazar, avec son nom de Christ et de Jesus; au Nadir, par le bouc du Capricorne; à l'Occident, par le Bélier, ou Agneau céleste, près duquel brilloit le Taureau; et au Zénith enfin, par l'Ane et la Crêche du Cancer. Aux pieds de la Vierge, on voit une de ses belles étoiles, appellée Janus, qui huit jours après ouvroit l'année Romaine, tenant des clefs, ayant le front chauve, et étant le Prince ou Chef des douze mois. Au-dessus de l'Agneau à l'Occident, paroissent les trois étoiles du Baudrier d'Orion, appellées encore aujourd'hui vulgairement les trois Rois Mages, etc. Peut-on desirer des rapports mieux prononcés avec le Christ naissant dans une crêche, à côté des animaux, etc. etc.?

PLANCHE XX.

Planisphère pour servir à l'explication de l'Apocalypse.

Ce livre, qui a résisté à la sagacité de Bossuet et de Newton, trouve aujourd'hui son explication naturelle dans les initiations aux mystères Phrygiens de l'Agneau. Cette interprétation exige une connoissance approfondie des opinions des Anciens sur les voyages des ames, leur passage dans les Planètes et par les portes mystiques du Ciel. La célèbre vision d'Ezéchiel a les mêmes bases. Elle et l'Apocalypse sont prises de la Théologie des Mithriaques, avec laquelle Origène met en parallèle la vision du Prophète. Le Génie de l'Apocalypse annonce à l'Hiérophante Jean, qu'il va lui ouvrir l'avenir, ou le livre de la fatalité. Ce livre est le Ciel des fixes, modifiant les sept Sphères. On le voit dans ce Planisphère, tel qu'il fut ouvert à Jean; c'est-à-dire, arrêté sur ses quatre points principaux, appellés signes fixes et centres par les Astrologues. Les quatre animaux mystiques qui les occupent sont le Lion, le Bœuf ou Taureau céleste, l'homme du Verseau, et l'Aigle de la Lyre, espèce de Vautour, qui montoit avec le Scorpion et qui lui fut substitué.

PLANCHE XXI.

Systêmes Cosmogoniques des Syriens et des Arabes.

On ne sauroit entendre les livres des Chrétiens, composés pendant les trois premiers siècles, et sur-tout ceux de Jean, d'Hermas et des premiers hérétiques, sans avoir étudié les Cosmogonies de l'Egypte, de la Syrie, de l'Arabie, et des pays circonvoisins, qu'ils ont habités. Ces Cosmogonies nous ont été conservées par Kirker, dont les ouvrages, sans être des modèles de critique, sont au moins d'excellens magazins.

Tout Philosophe, qui tracera l'histoire des progrès et des erreurs de l'esprit humain, doit y puiser abondamment. On y retrouve le système entier de la hiérarchie céleste, telle que l'Eglise l'a enseignée; et l'on demeure convaincu, à l'inspection de cette planche, que les Chrétiens n'ont rien inventé, pas même leurs fables cosmogoniques et théurgiques.

PLANCHE XXII et dernière.

Pierre gravée du Palais-Royal.

Dans la collection des pierres gravées de la maison d'Orléans, qui ont été vendues à l'Impératrice de Russie, on en voit une de la classe de celles que l'on appelle Astronomiques, dont le sujet est expliqué dans cet ouvrage. Sur une face sont gravées deux suites de figures placées sur deux Zones orbiculaires; et le milieu est occupé par une seule figure. Cette figure représente Pan avec sa flûte; Pan, le modérateur de l'Univers et des Sphères; Pan, le Génie qui conduit, à l'aide d'une flûte, l'harmonie des sept planètes; qui préside aux concerts célestes, chantés par les Poètes, célébrés par les Philosophes, et entendus, disoit-on, dans la tranquillité des nuits par des contemplatifs vertueux. Les sept Planètes circulent dans des chars autour de leur conducteur, et au-dessous des signes du Zodiaque, dans lesquels elles avoient fixé leurs domiciles. Le Soleil, placé sous le Bélier, nous apprend que cette Agathe-Onyx a été gravée peu avant l'ère vulgaire, temps où le Soleil ouvroit l'année, monté sur le Bélier céleste.

Le revers de cette pierre présente une tête de Méduse, du plus beau travail. Cette réunion de cornes de Bélier et de Serpens paroît bizarre, et n'a pu encore recevoir d'explication satisfaisante. La Mythologie-Astronomique nous fait voir le Bélier montant sur l'horizon avec ses cornes engagées dans les serpens de la tête de Méduse, que porte le héros Persée en mémoire de sa victoire. Cette proximité des cornes du Bélier et des Serpens a donné lieu aux peintres et aux graveurs anciens de représenter Méduse avec les attributs de l'Agneau céleste, unis à ceux du Dragon. L'explication de cette belle Agathe nous fournit le moyen d'interpréter la plûpart des pierres Astronomiques, reléguées trop souvent parmi les *Abraxas*, regardés eux-mêmes comme inintelligibles, mais qui trouvent aujourd'hui leur explication dans les principes de la Mythologie Astronomique.

DOMICILES D

♋	Cancer.	☽	
♊	Gémeaux.	☿	*MER*
♉	Taureau.	♀	*VÉ*
♈	Bélier.	♂	*M*
♓	Poissons.	♃	*JU*
♒	Verseau.	♄	*SAT*

N°. 1.

PLANÈTES.

☉	Lion.	♌
☿	Vierge.	♍
♀	Balance.	♎
♂	Scorpion.	♏
♃	Sagittaire.	♐
♄	Capricorne.	♑

MÉDAILLES DE L'EMPEREU

DU CAB

N° 2.

TONIN FRAPÉES EN EGYPTE.

TIONAL.

DIVISION DU ZODI

avec les noms des Decan

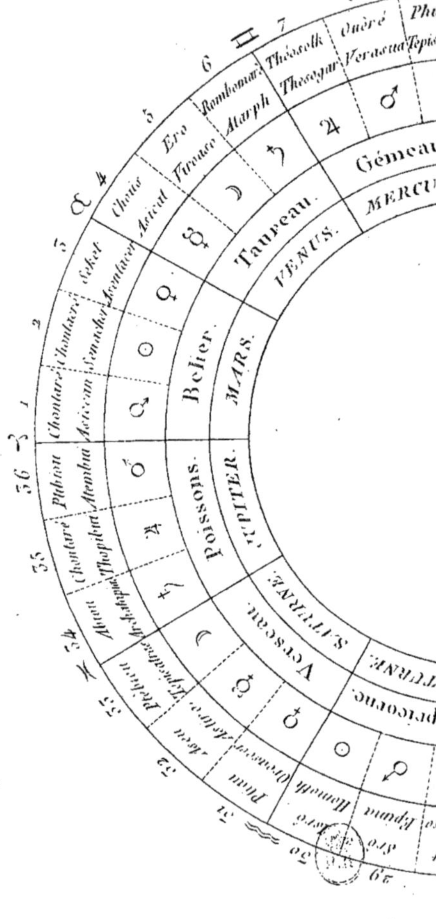

Le cercle intérieur contient la distrib
les noms des 12. Signes, qui y repondent
les 7. Planetes, repetées 5. fois. Entre
suivant Firmicus et suivant les Grecs; la Se

UE EN 36. PARTIES

a distribution des Planètes.

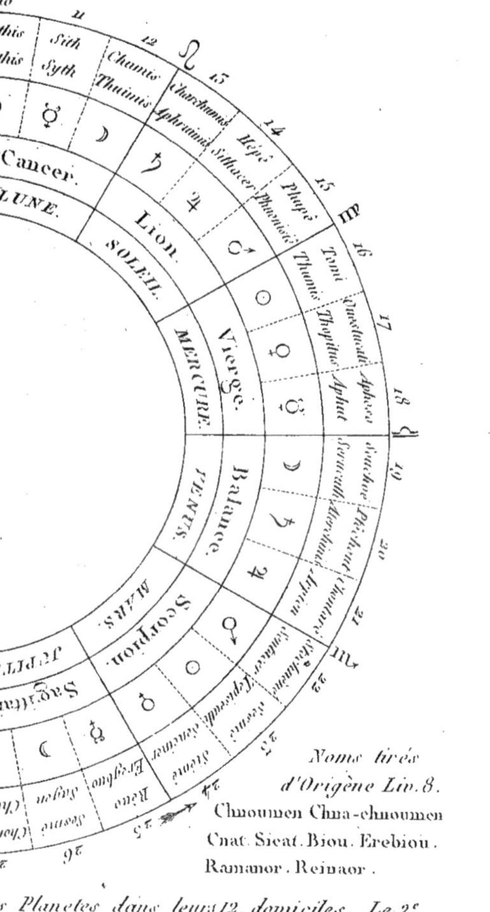

s Planetes dans leurs 12. domiciles. Le 2.e
sus sont les 36. divisions, où sont placées
derniers cercles sont les noms des Decans,
ieure est celle de Firmicus.

N.° 4.

Tome I. Page 180.

PLANISPHER

Herculeo Apollineu Rhomb.
Regnum Hermanubis Rhomb.
Reg. Momphta Rhomb.
Regnum Isiacum Rhomb.
Regnum Omphta Rhomb.
Regnum Typhonium Rhomb.
XII. Mercu. et Isidis Statio
XIII. Statio Numinum Agricolturæ præsidum.
XIV.
Statio Ty phoni

Nº 5.

YPTIEN.

Tome I. *Page 180.* A.

PLANISPHE

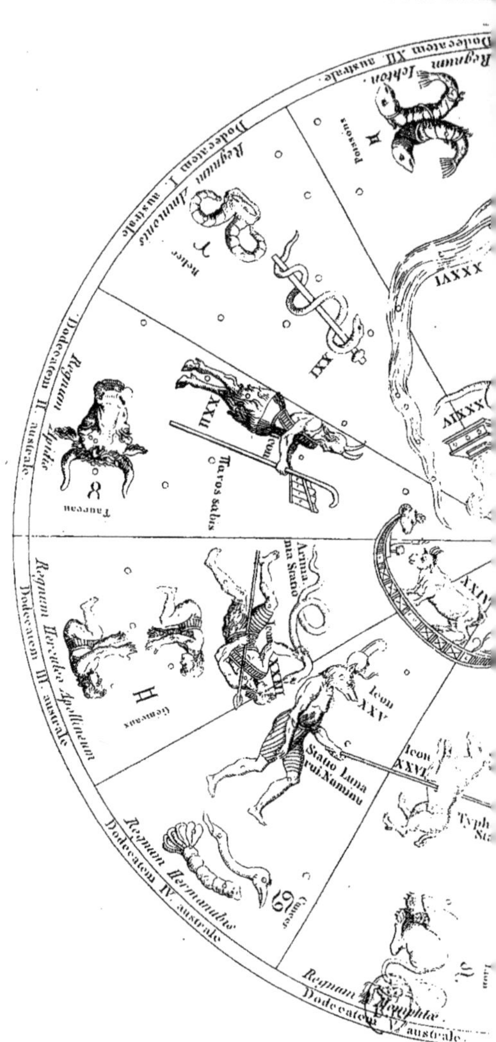

ÉGYPTIEN.

Dodecatem XI australe
Regnum Canobicum
Verseau
Capricorne
Dodecatem X australe
Sagittaire
Regnum Arueris
Dodecatem IX australe
XXXII
Statuo
Scorpion
Regnum Typhonis
Dodecatem VIII australe
XXXI Statuo Suchi
Titani corum Dæmonum Statuo
XXIX
Icon XXVIII
Balance
Regnum Omphta
Dodecatem VII australe
Vierge
Regnum Isidis
Dodecatem VI australe

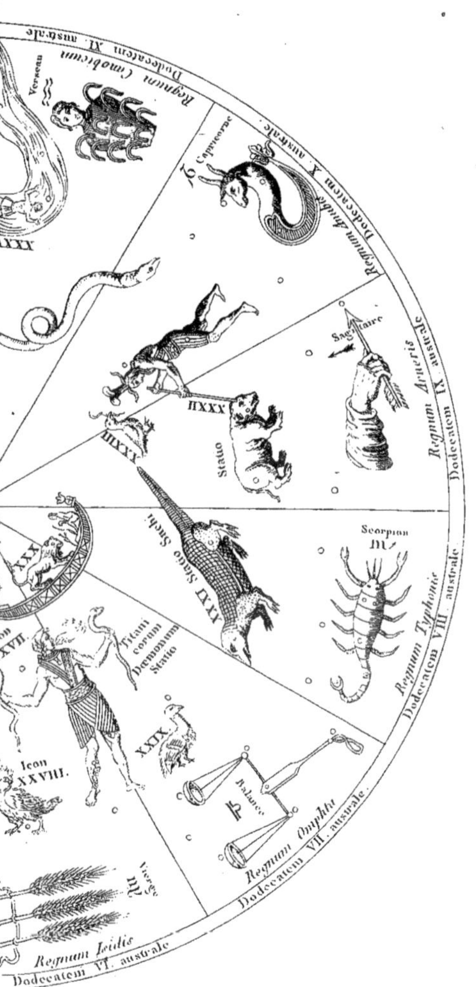

DISTRIBUTION DES

Dans les douze Signes

Domiciles

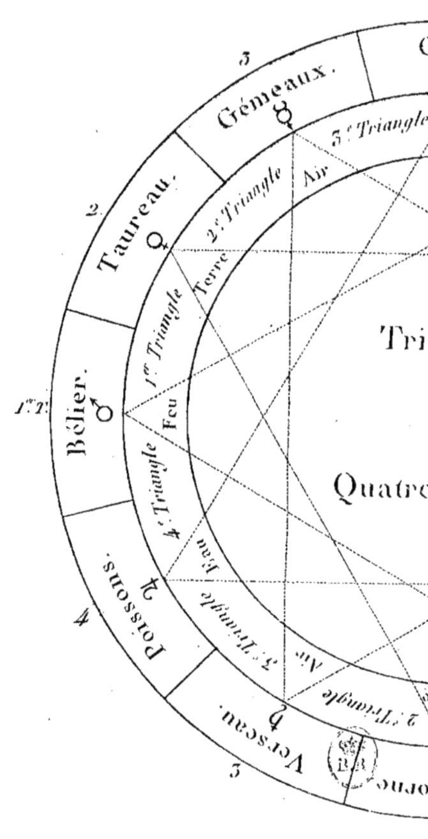

N° 7.

TRE ÉLÉMENS
aque et dans les
etes.

1er T.
Lion.
☉
riangle
Feu
1er Triangle
Vierge.
☿
2
Terre
2e Triangle
Balance.
♀
3
Air
3e Triangle
Eau
Scorpion.
♂
4
4e Triangle
Feu
1er Tri
Sagittaire.
♃
1er T.

ens.

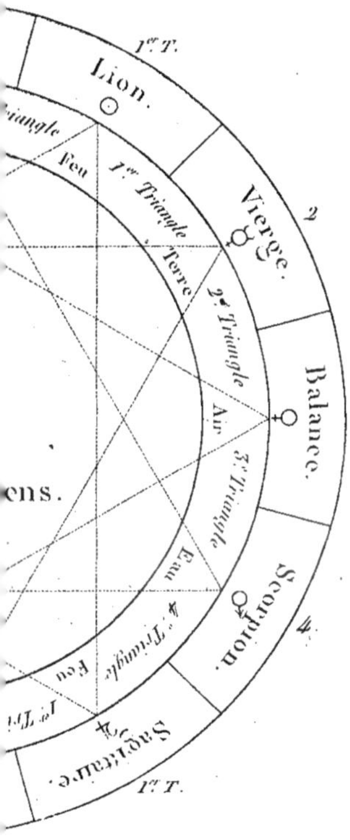

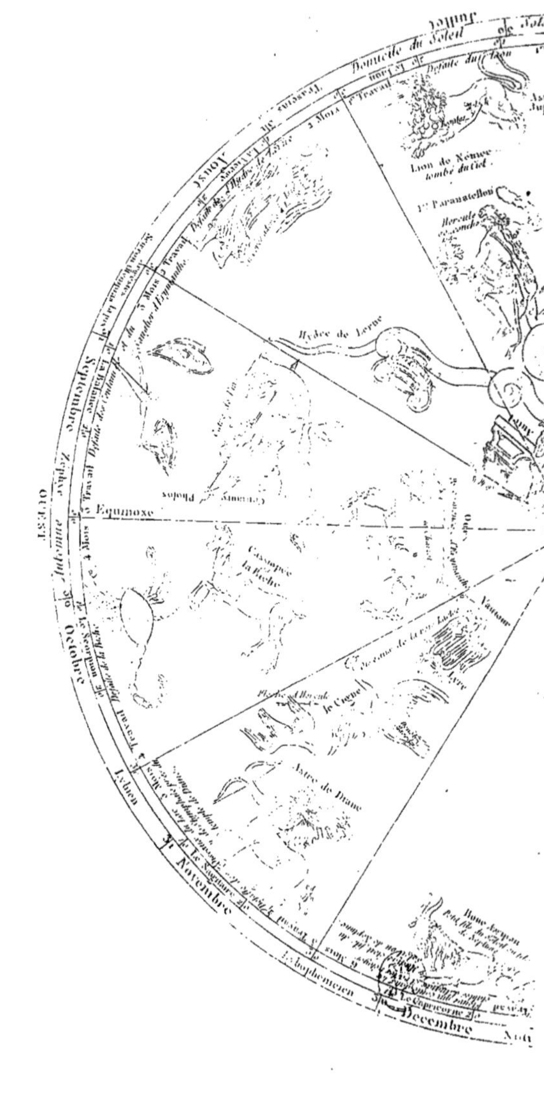

Juillet
Domicile du Soleil
Lion de Némée
tombé du Ciel
1er Paranatellon
Hydre de Lerne
Août
Septembre
La Balance
Équinoxe
OUEST
Zéphyr
Automne
Cassiopée
la Biche
Octobre
Le Scorpion
le Cygne
Lyre
Vautour
Astre de Diane
Novembre
Le Sagittaire
Le Capricorne
Decembre

Nº 8.

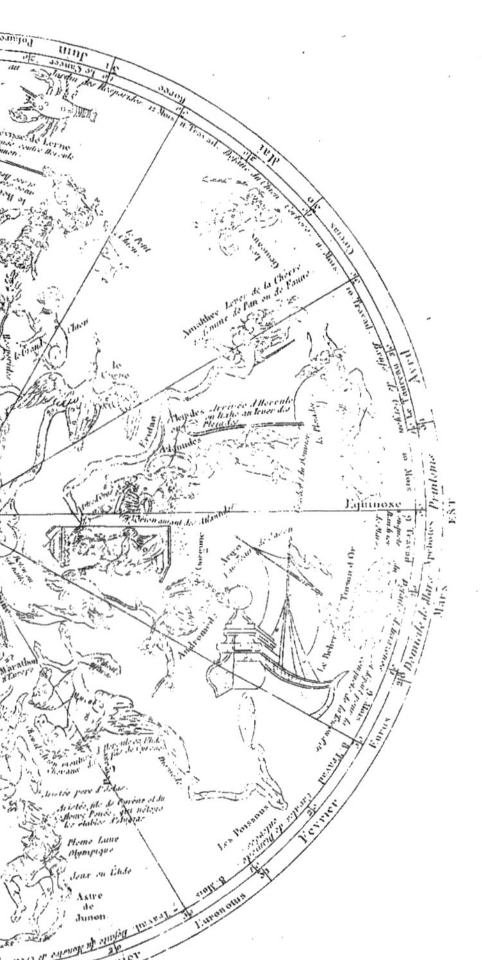

Tome I. *Page 350.*

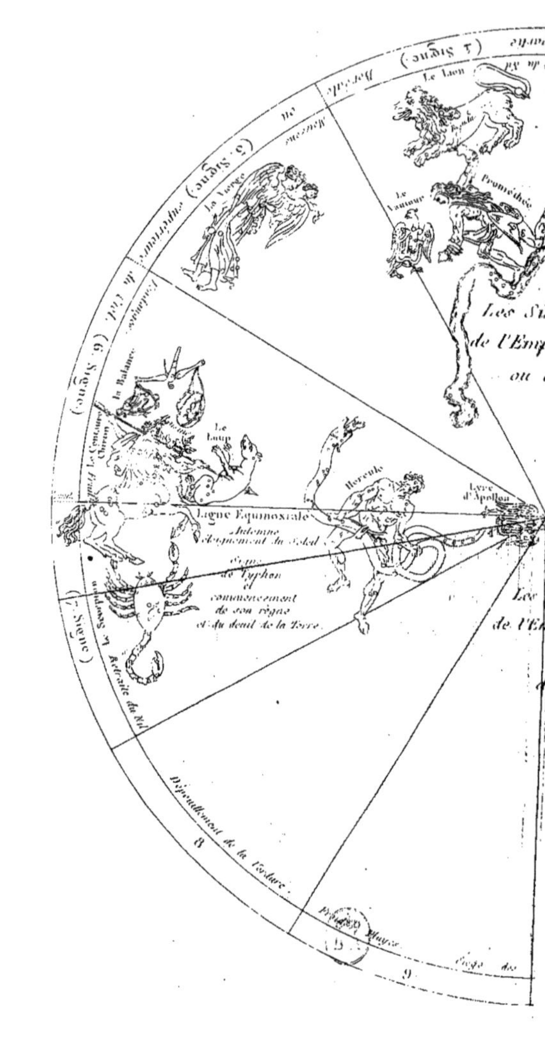
Le Lion
Prométhée
Le Vautour
La Vierge
La Balance
Le Centaure Chiron
Le Loup
Hercule
Lyre d'Apollon
Ligne Equinoxiale
Automne
de Typhon
et
commencement
de son règne
et du deuil de la Terre
Le Scorpion
Retraite du Nil
Dépouillement de la Verdure
8
9
(7. Signe)
(6. Signe)
(5. Signe)
(4 Signe)

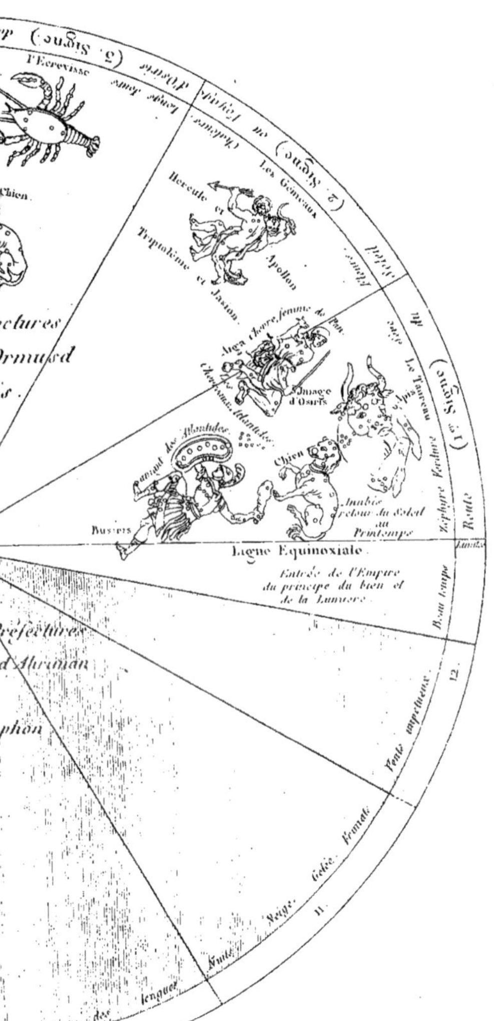
l'Ecrevisse
Chien
Les Gemeaux
Hercule et Triptolème et Jasion
Apollon
Le Taureau
Image d'Osiris
Chien
Anubis retour du Soleil au Printemps
Busiris
Ligne Equinoxiale
Entrée de l'Empire du principe du bien et de la Lumière
Zéphyre Verdure
Route
Beau temps
Neige.
Gelée.
Nuits

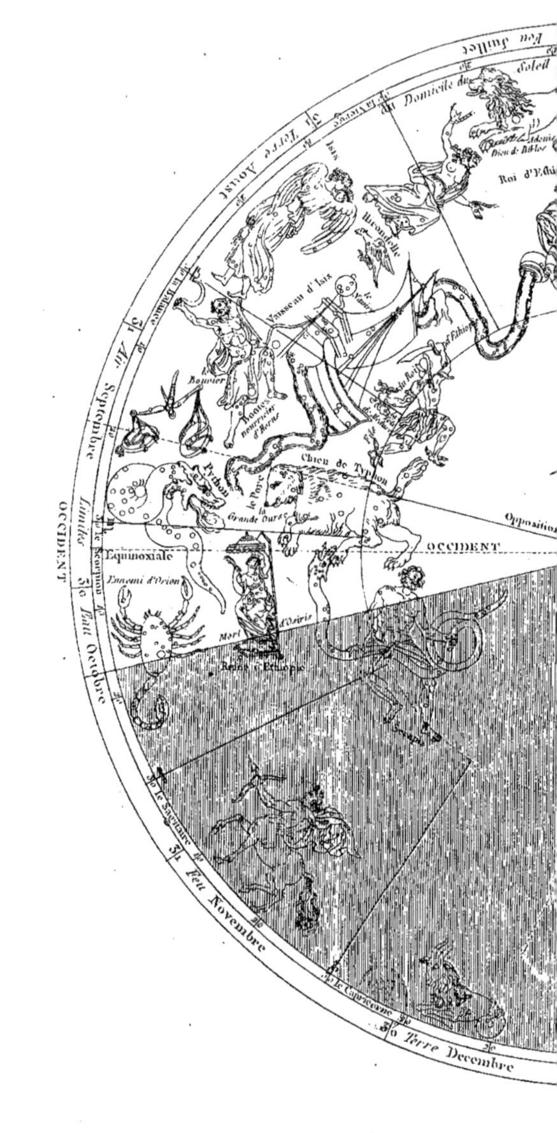

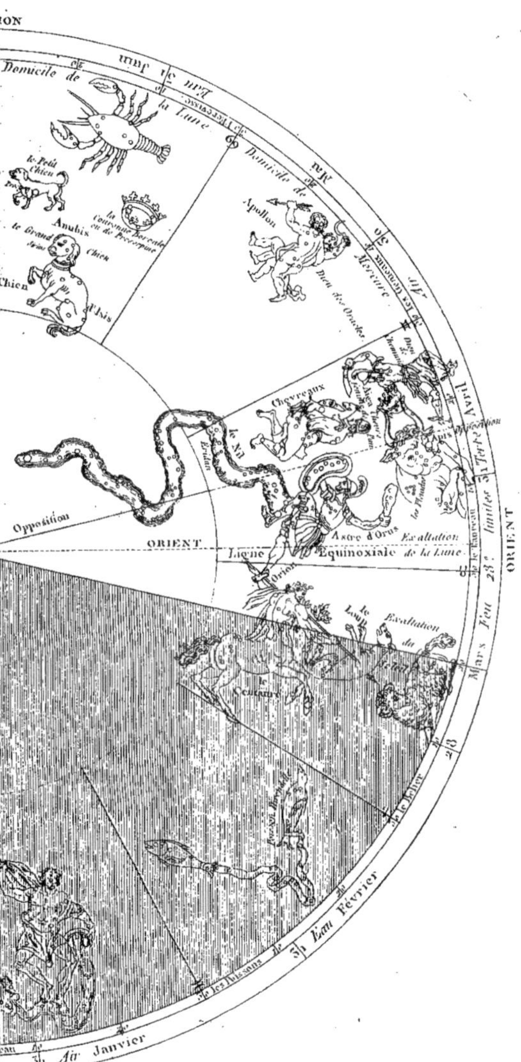
Domicile de
la Lune
le Petit Chien
la Couronne Boréale ou de Proserpine
Anubis
le Grand Chien
Chien
Apollon
Domicile de
Mercure
Dieu des Oracles
Chevreaux
le Nil
Eridan
Opposition
ORIENT
Ligne Equinoxiale
Astre d'Orus
Exaltation de la Lune
Orion
le Loup
Exaltation du
le Centaure
Avril
Mars
Feu
Eau
Février
les Poissons
le Belier
Air
Janvier
ORIENT

1er Travail
Défaite d'un Géant porteur de Massue.
le Lion
Porte massue
Coucher du matin
la Vierge
Cérès
Erigone
2 Travail
Père d'Erigone
Menalippe ou Pégase
Fils de Cérès ou de Perigone
la Balance
Combat contre les Centaures
Domicile de Vénus
Vendanges
3. Travail
Défaite d'un Sanglier.
Sanglier d'Erymanthe
Couronne d'Ariadne
Lever
Equinoxe d'Automne
le Scorpion
4. Travail
le Sagittaire
Fils de Neptune.
le Capricorne

N° II.

Juillet
le Lion
Aout
la Vierge
la Balance
Septembre
Monstre marin
Equinoxe d'Automne
Hercule
un des chefs de l'expédition des Argonautes
le Scorpion
Octobre
le Sagittaire
Novembre
le Capricorne
Décembre

N° 12.

Tome I. *Page* 459.

Andromède
la Vendangeuse
Saison des Vendanges
III Saison
Equinoxe d'Automne
Arrivée de Bacchus chez Lycurgue fils de Dryas, petit fils de Mars.
Domicile de Mars.
Serapis

N° 13.

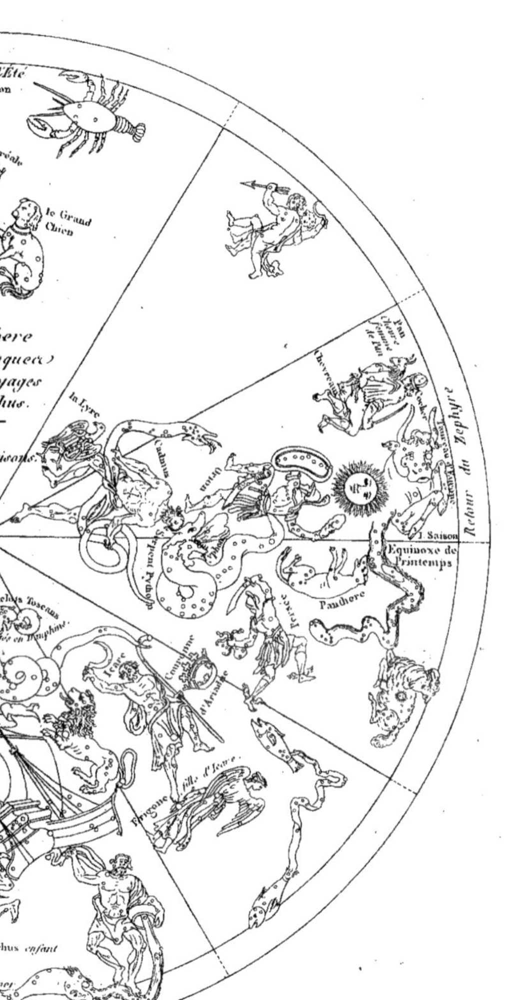

Tome II. Page 1.

VASE D

N° 14.

RSAY.

T. 2. p. 8.

N.° 15.

T. 2. p. 5.

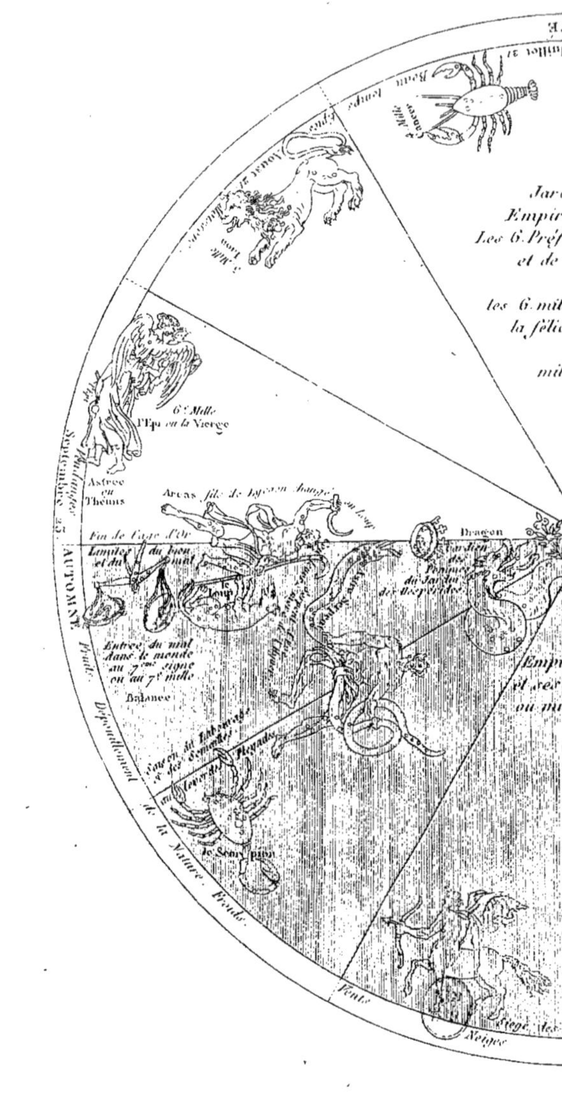

l'Epi ou la Vierge
Astrée
ou
Thémis
Fin de l'age d'Or
Limites du bien
et du mal
Dragon
Entrée du mal
dans le monde
Balance
le Scorpion
Pleyades
Septembre 23
AUTOMNE
Fruits
Dépouillement de la Nature
Froids
Vents
Neiges

N° 16.

PRINTEMPS
Zephir.
Avril 20. Verdure
1er Mille
Agneau.
Commencement de l'age d'Or
de la Nature.
2 Mille
Taureau
Vents impétueux
Frimats
Nuits
Longues
Pluies
Brouillards
Glaces

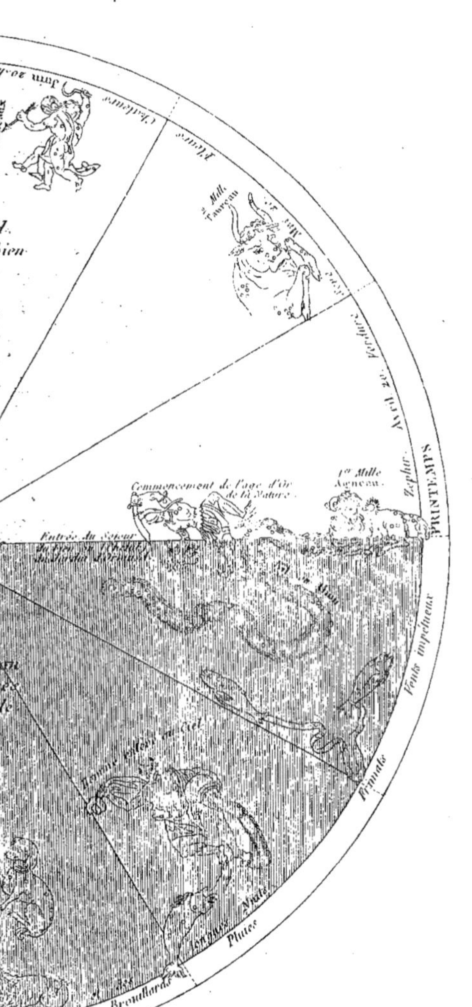

N.° 17.

Tome III. *Page* 42.

N.° 18.

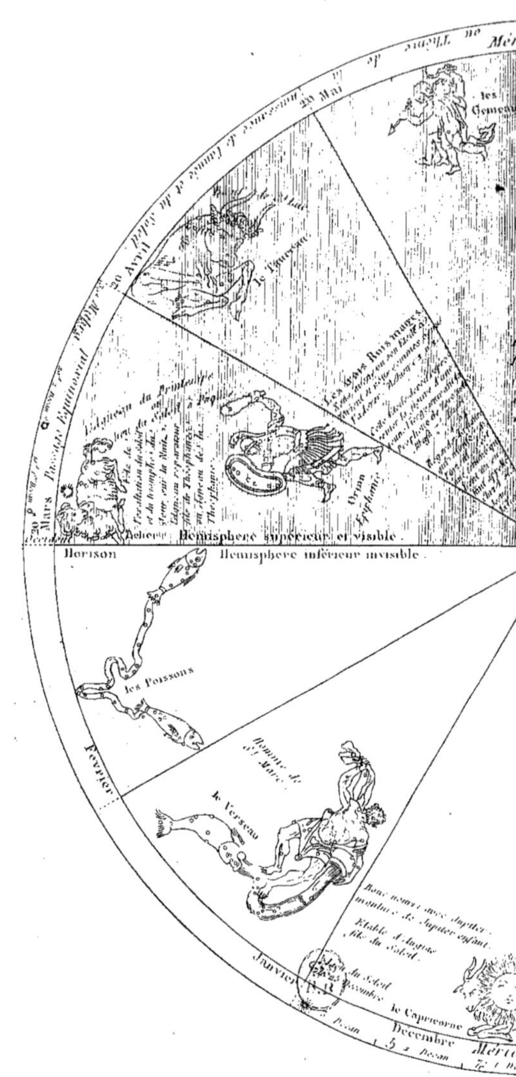
20 Mai
20 Avril
les Gemeaux
le Taureau
Mars Passage Equinoxial
Orion
Hémisphère supérieur et visible
Horison
Hémisphère inférieur invisible
les Poissons
Fevrier
le Verseau
Janvier
Decembre
le Capricorne

N.° 19.

Tome III. *Page 90.*

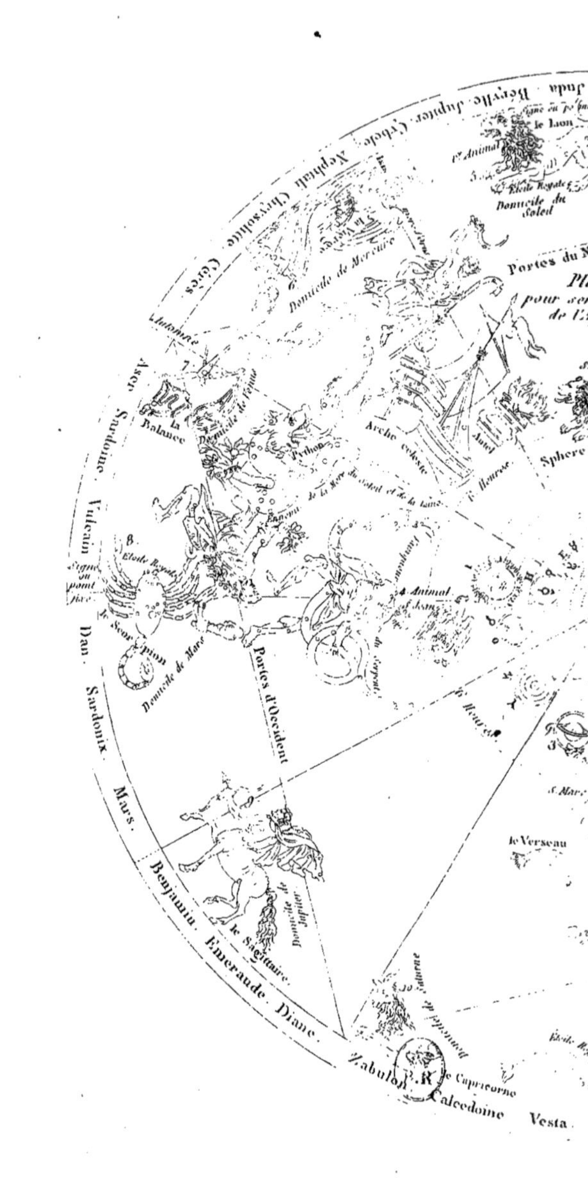

Juda. Béryle. Jupiter
Nephtali. Chrysolite. Cybele.
Cérès
Automne
Aser. Sardoine. Vulcain
Dan. Sardonix. Mars.
Benjamin. Emeraude. Diane.
Zabulon
Calcedoine
Vesta.
le Lion
Domicile du Soleil
Etoile Royale
la Vierge
Domicile de Mercure
Portes du No
la Balance
Pithon
Arche celeste
Sphere
le Scorpion
Domicile de Mars
Portes d'Occident
le Sagittaire
le Capricorne
le Verseau

N° 20.

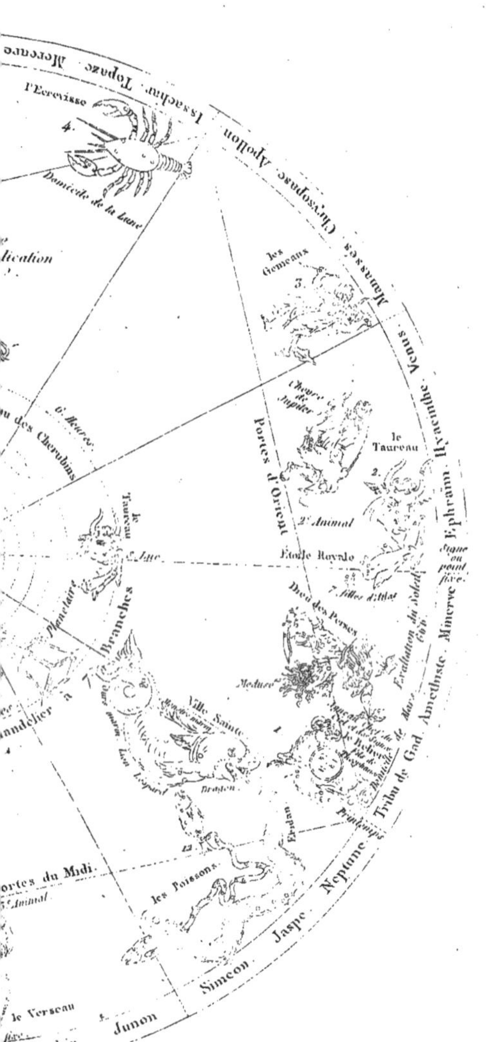

Tome III. *Page 228.*

Systema Mundanum cum Angelis præsidibus.
ex mente Arabum.

10. Mare magnum, Sine fine.

9. Septum plenum Angelis.

8. Cœlum Angelis plenum. Firmamentum.

7. Cœlum Lucidum. Angeli sub formâ humanâ. Præses Zarakiël.

6. Cœlum ex Perlis, seu Dama. Angeli sub formâ Puellarum. Præses Kackabiël.

5. Cœlum aureum seu Ratakia. Angeli sub formâ Puellarum.

4. Cœlum Argenteum, seu Ramaliim. Angeli sub formâ Equorum. Præses Sabtabiël.

3. Cœlum Hyacinthinum seu Maun. Angeli sub formâ Vulturum. Præses Saphraphiël.

2. Cœlum Gemmeum. Angeli sub formâ Aquilinâ. Præses Sachabiel.

1. Cœlum Smaragdinum, seu Tarphia. Angeli avium formâ. Præses Samael.

Ignis

Aer

Aqua

Terra.

Si…
ex Œdip. K…

1	32
30	8
20	24
19	17
10	26
31	4

Raphaël

JR 6.

N° 21.

Kirker Œdip. Tom. II. *Pars 1ª Pag. 226.*

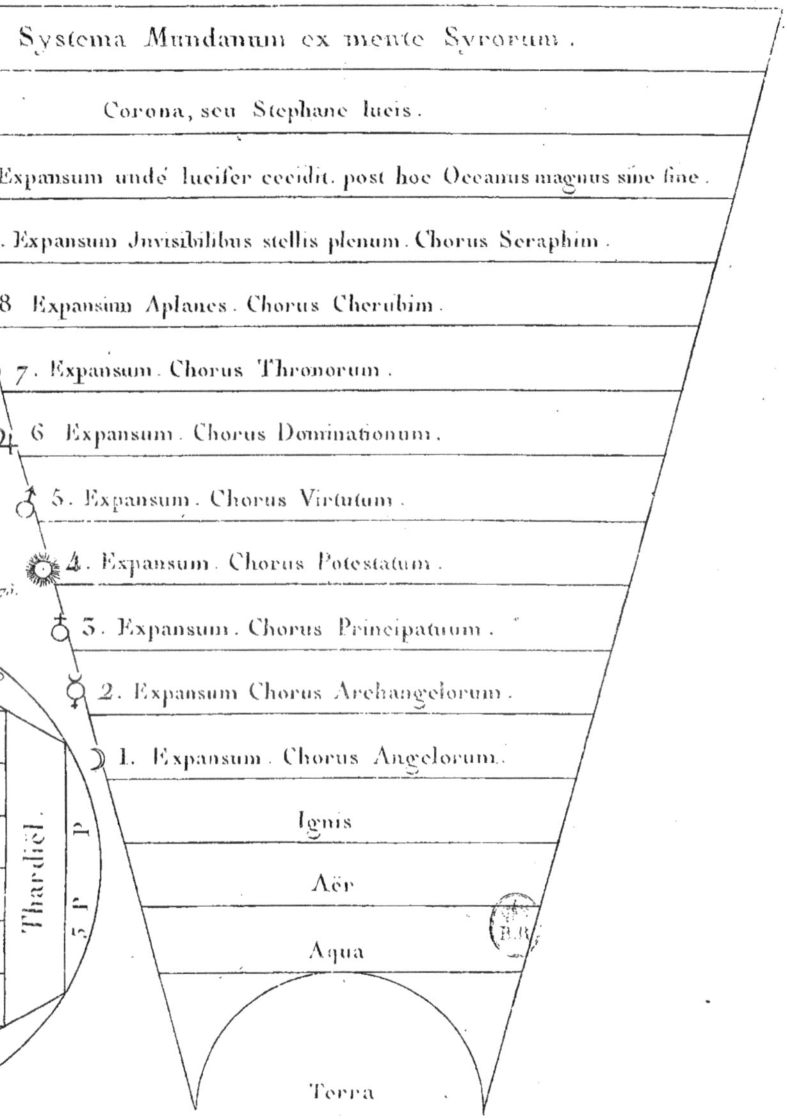

Systema Mundanum ex mente Syrorum.

Corona, seu Stephane lucis.

10. Expansum undé lucifer cecidit. post hoc Oceanus magnus sine fine.

9. Expansum Jnvisibilibus stellis plenum. Chorus Seraphim.

8 Expansum Aplanes. Chorus Cherubim.

♄ 7. Expansum. Chorus Thronorum.

♃ 6 Expansum. Chorus Dominationum.

♂ 5. Expansum. Chorus Virtutum.

☉ 4. Expansum. Chorus Potestatum.

♀ 3. Expansum. Chorus Principatuum.

☿ 2. Expansum Chorus Archangelorum.

☽ 1. Expansum. Chorus Angelorum.

Ignis

Aër

Aqua

Terra

Solis.
n. II. *Pars 2. Pag. 75.*

3	35	6
28	11	7
16	15	25
22	18	14
9	29	25
33	5	36

Thardiël.

iël.

Tome III. *Page 231-259*

N° 22.

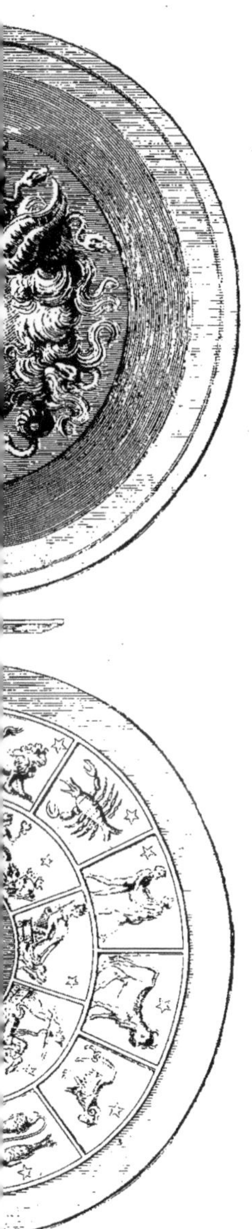

Tome III. *Page* 258.

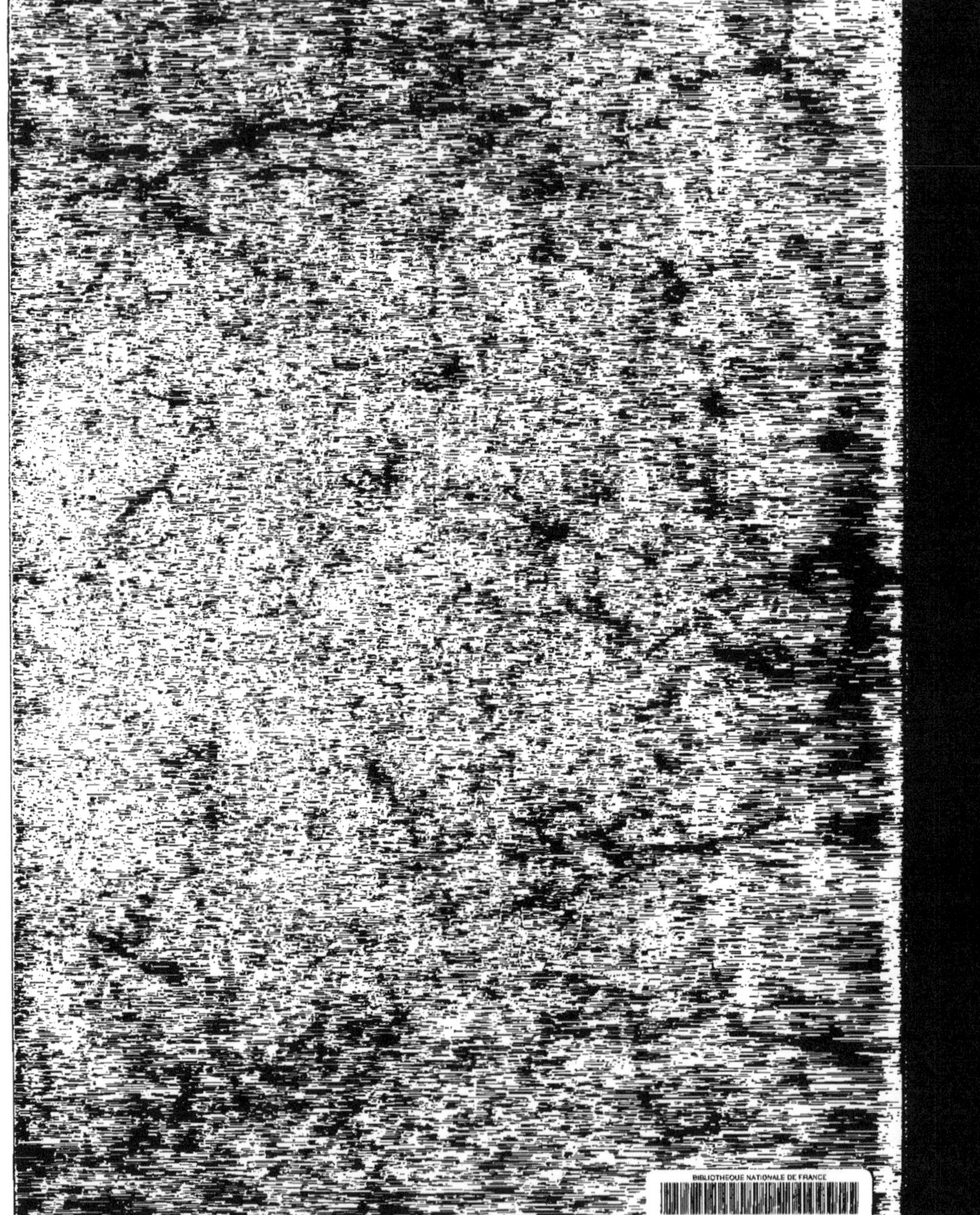

www.ingramcontent.com/pod-product-compliance
Ingram Content Group UK Ltd.
Pitfield, Milton Keynes, MK11 3LW, UK
UKHW020116240726
13926UKWH00011B/1499